글 샌드라 마클

백 권이 넘는 어린이 논픽션 책을 썼다. 미국과학교사협회(NSTA)와 어린이도서협회(CBC) 선정 우수어린이도서,
미국서점연합(ABA) 추천도서, 미국도서관연합(ALA) 선정 주목할 만한 어린이책 등 여러 차례 큰 상을 받았다.
CNN과 PBS 방송에서 방영된 과학 다큐멘터리들을 제작했고, 국립과학재단의 후원으로
온라인 교육 프로그램을 제작해 상을 받기도 했다. 현재 사진작가인 남편, 고양이와 함께 뉴질랜드에서 살고 있다.

그림 자멜 아키브

영국 에식스 지방에서 태어났다. 대학에서 일러스트레이션을 전공하고 전문 일러스트레이터로
왕성한 활동을 펼치고 있다. 수차례 일러스트레이션 관련 상을 받았으며 영국 솔즈베리에서 살고 있다.

옮김 전미연

서울대학교 불어불문학과와 한국외국어대학교 통번역대학원 한불과를 졸업했다.
파리 3대학 통번역대학원(ESIT) 번역 과정을 수료했고, 오타와 통번역대학(STI) 박사 과정을 마쳤다.
한국외국어대학교 통번역대학원에서 가르쳤고, 현재는 미국에서 번역 작업을 하고 있다.
옮긴 책으로는 『종이 여자』 『사랑하기 때문에』 『겨울 아이』 『파피용』 『두려움과 떨림』 '작은 철학자' 시리즈 등이 있다.

크리스토퍼 콜럼버스 아메리카 대륙에 닿은 항해

2011년 7월 10일 제1판 1쇄 인쇄 | 2011년 7월 20일 제1판 1쇄 발행
지은이 샌드라 마클 | 그린이 자멜 아키브 | 옮긴이 전미연 | 펴낸이 김상미, 이재민
편집 김세희 | 디자인 이수현 | 종이 대흥지류유통(주) | 인쇄 청아문화사 | 제본 정원문화사
펴낸곳 너머학교 | 주소 서울시 마포구 서교동 375-13 성지빌딩 201호
전화 02)336-5131, 335-3366 팩스 02)335-5848 | 등록번호 제313-2009-234호

ISBN 978-89-94407-09-8 74900
ISBN 978-89-94407-32-6 74900(세트)

Animals Christopher Columbus Saw
Text ⓒ 2008 by Sandra Markle
Illustrations ⓒ 2008 by Jamel Akib
All rights reserved.
First published in English by Chronicle Books LLC, San Francisco, California.

Korean Translation Copyright ⓒ 2011 by Beyond the School
Korean edition is published by arrangement with Chronicle Books LLC
through Imprima Korea Agency

이 책의 한국어판 저작권은 Imprima Korea Agency를 통해 Chronicle Books LLC와의 독점 계약으로 너머학교에 있습니다.
저작권법에 따라 한국 내에서 보호를 받는 저작물이므로 무단전재와 무단복제를 금합니다.

크리스토퍼 콜럼버스

아메리카 대륙에 닿은 항해

글 샌드라 마클 | 그림 자멜 아키브 | 옮김 전미연

너머학교

부자가 되기 위해 항해에 나서다

벌레 때문에 사람들이 세계 탐험에 나서게 되었다는 말이 사실일까? 15세기 유럽에서는 누에가 토한 실로 짠 비단이 금보다 훨씬 귀했다. 그런데 이렇게 귀한 비단과 누에를 오늘날의 중국과 일본에 가야만 구할 수 있었다. 유럽에서 그곳까지 가는 빠른 뱃길만 찾아낸다면, 어떤 탐험가든 부자가 되는 건 시간 문제였다. 크리스토퍼 콜럼버스는 이 길을 꼭 발견해 부자가 되리라 마음먹었다. 1492년, 콜럼버스는 배 세 척을 거느리고 항해에 나섰다. 하지만 그가 발견한 땅은 애초에 꿈꾸었던 곳이 아니었다.

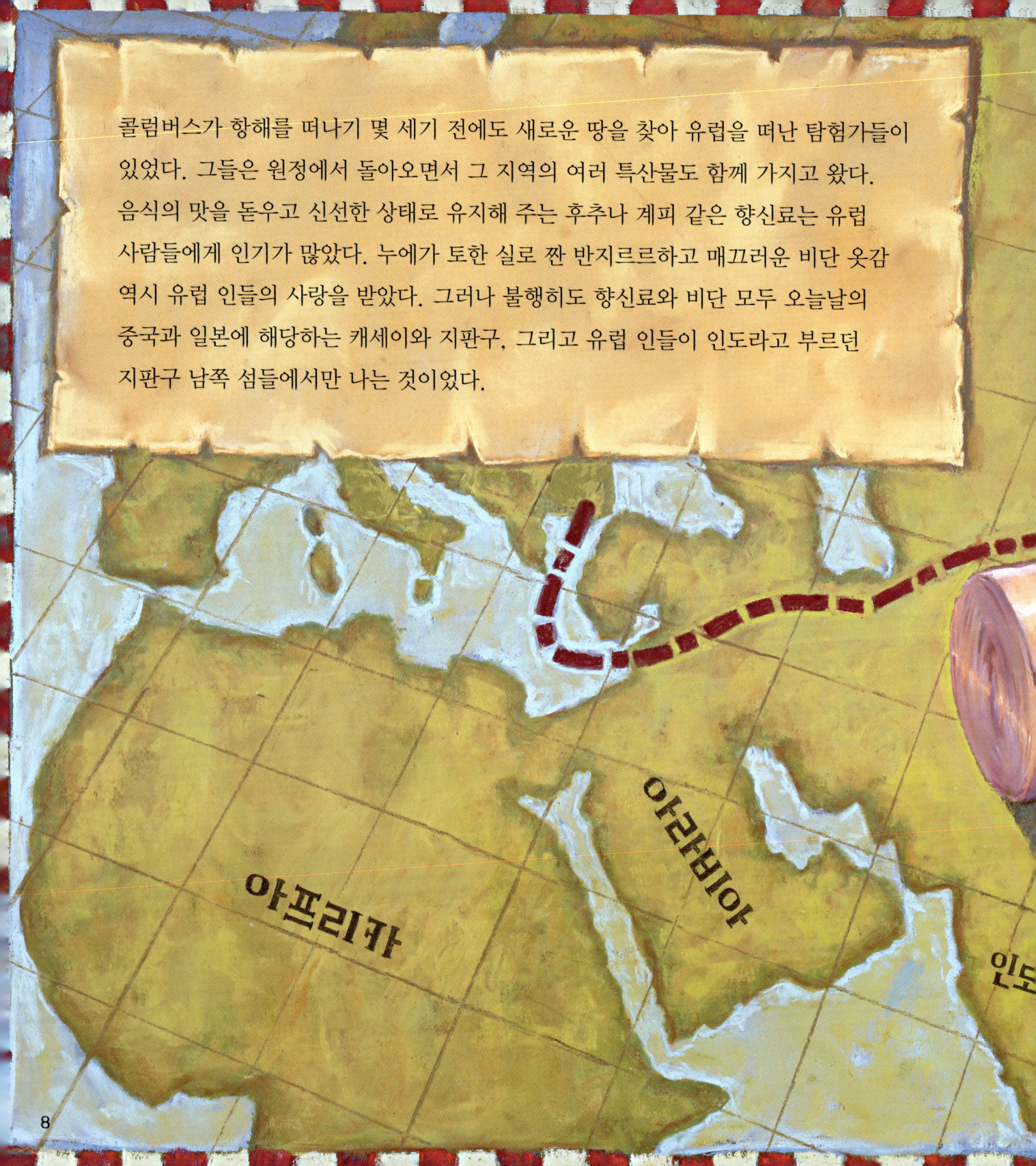

콜럼버스가 항해를 떠나기 몇 세기 전에도 새로운 땅을 찾아 유럽을 떠난 탐험가들이 있었다. 그들은 원정에서 돌아오면서 그 지역의 여러 특산물도 함께 가지고 왔다. 음식의 맛을 돋우고 신선한 상태로 유지해 주는 후추나 계피 같은 향신료는 유럽 사람들에게 인기가 많았다. 누에가 토한 실로 짠 반지르르하고 매끄러운 비단 옷감 역시 유럽 인들의 사랑을 받았다. 그러나 불행히도 향신료와 비단 모두 오늘날의 중국과 일본에 해당하는 캐세이와 지판구, 그리고 유럽 인들이 인도라고 부르던 지판구 남쪽 섬들에서만 나는 것이었다.

비단길

중국

일본

남중국해

고치를 짓는 벌레들

비단은 누에가 토한 실로 짜서 만든다. 누에는 실을 토해서 제 몸을 둥글게 감아 고치를 만든 다음, 그 안에서 나방으로 변한다. 비단을 만들려면 나방으로 변하기 전인 누에 상태의 고치가 필요하다. 고치를 일단 끓는 물에 담갔다 뺀 다음 감겨 있는 실을 살살 풀어 주면 된다. 비단 옷감을 1미터 짜려면 누에고치가 3천 개나 필요하다.

산악 지대에서는 말이나 노새에, 아프리카 사막에서는 대상들의 낙타에 실려
아프리카 북부까지 도착한 향신료와 비단은 여러 상인의 손을 거쳐 배편으로
에스파냐와 포르투갈을 비롯한 유럽 나라들로 팔려 나갔다.
당시에 북아프리카를 지배했던 무어 인들은 자신들의 땅을 통과하는 대상들에게
통행료를 물렸다. 넓은 땅을 여러 무어 인 통치자가 나누어 다스리다 보니
유럽 상인들이 내야 하는 통행료도 많아졌다.

사막의 배, 낙타

낙타의 몸은 건조한 모래사막에서 짐을 실어 나르기에 꼭 알맞다. 발바닥이 넓어서 모래 속으로 발이 쏙쏙 빠지는 일이 없고, 모래가 날아와도 긴 속눈썹 덕분에 눈에 들어가지 않는다. 혹에 저장된 지방은 분해되면서 수소를 만드는데, 이 수소는 낙타가 들이마시는 산소와 결합해 물이 된다. 덕분에 낙타는 몇 주 동안 물을 먹지 않고도 살 수 있다.

새들을 따라가다

콜럼버스가 살던 시절에, 선원들은 갈매기 같은 바닷새들이 밤마다 해변으로 날아와서 잠을 잔다고 믿었다. 그래서 바닷새들이 보이면 육지가 곧 나타날 것이라고 생각했다. 이런 믿음은 콜럼버스의 항해에도 큰 영향을 미쳤다. 하지만 잘못된 믿음이었다. 북극제비갈매기 같은 철새들은 북극과 남극을 오가느라 몇 주 동안 바다 위를 날며 장거리 여행을 하기 때문이다.

공상이 현실로

유럽을 다스리던 왕들과 여왕들은 육지 말고 바다를 이용하면 비단과 향신료를 훨씬 빨리, 훨씬 적은 비용으로 유럽까지 운반할 수 있겠다고 생각했다. 1451년에 이탈리아에서 태어난 콜럼버스는 중국과 일본까지 가는 뱃길을 찾아내 부자가 되고 이름도 날리겠다고 결심했다. 그는 이 뱃길을 찾을 수 있다고 자신했다.

1400년대에 유럽 인들이 알고 있던 세계는 그때까지 항해를 통해 탐험한 곳이 전부였다. 유럽 서쪽 바다와 중국 사이에 오늘날 북아메리카로 불리는 대륙이 있다는 사실을 당시에는 아무도 몰랐다. 게다가 콜럼버스는 세계가 별로 넓지 않다고 굳게 믿었다. 그는 인도가 실제보다 유럽에 훨씬 가까이 있다고 착각하고 있었다.

니나호, 핀타호, 산타마리아호

콜럼버스는 자신이 구상한 항로를 포르투갈, 영국, 프랑스, 에스파냐의 왕들에게 팔기 위해 8년을 애썼지만 계속 실패했다. 1492년, 드디어 에스파냐의 페르난도 왕과 이사벨 여왕이 항해에 필요한 돈을 대 주기로 약속했다. 그들은 니나호와 핀타호라는 빠른 범선 두 척, 그리고 크기는 더 크지만 항해 속도는 훨씬 느린 화물선 산타마리아호를 콜럼버스에게 내주었다.

고양이 앞의 쥐

바다를 항해하는 배들은 대부분 쥐 때문에 골치를 앓았다. 엄청나게 새끼를 낳아 무섭게 많아진 쥐들이 배에 실린 식량을 야금야금 먹어 치웠기 때문이다. 그래서 선원들은 항해를 떠날 때 꼭 고양이들을 데리고 갔다.

조개들의 습격

콜럼버스가 이끄는 배들은 카나리아 제도를 떠날 즈음부터 이미 배좀벌레조개들의 공격을 받기 시작했을 것이다. 조개의 한 종류인 배좀벌레조개는 나무를 갉아 구멍을 내고 나무 부스러기를 먹는다. 오랜 시간에 걸쳐 배가 침몰할 만큼 큰 구멍들을 선체에 뚫기도 한다.

1492년 8월 3일, 콜럼버스가 지휘하는 선단은 항해를 시작했다. 하지만 직선 항로를 이용하지는 않았다. 에스파냐에서 서쪽으로 출발하면 배가 역풍을 만나기 때문에, 카나리아 제도까지 일단 남쪽으로 항해한 다음 순풍을 타고 서쪽으로 나아갔다. 항해 도중 선원들은 종종 바다에 낚싯줄을 드리워 잡은 신선한 생선으로 저녁을 배불리 먹곤 했다.
그러나 모든 일이 순조롭지만은 않았다. 항해 시작 직후에 배의 방향을 잡는 키가 제대로 작동하지 않는다는 사실을 알게 되었고, 항구를 떠난 지 4일 만에 키는 결국 부서졌다. 배는 계속 항해를 하고, 선원들은 배 옆에 매달려 키를 임시로 수리했다. 다행히 배는 카나리아 제도에 무사히 도착해 제대로 수리를 받았다. 1492년 9월 6일, 콜럼버스 일행은 다시 바다로 나갔다. 이때부터 그들 앞에는 지도에 없는 바다가 펼쳐지기 시작했다.

바닷말　새끼 게　새끼 거북

바다를 두둥실

새끼 거북들은 먼 길을 헤엄쳐 사르가소 해에 도착한 후 어른이 될 때까지 몇 년 동안 그곳에 머문다. 거북들은 바다에 둥둥 떠다니는 바닷말을 타고 다니면서 포식자들로부터 몸을 숨기고, 자그마한 달팽이, 게, 새우 등을 잡아먹는다.

초록색 바다를 건너다

9월 17일, 콜럼버스는 파도 위를 떠다니는 녹색 바닷말 덩어리들을 보았다. 이틀 후에는 갑판에 뱁새 한 마리가 날아와 앉았다. 선원들은 흥분하기 시작했다. 육지가 가까워졌다는 신호일지도 몰랐다!

며칠 후, 배들은 바닷말이 둥둥 떠다니는 바다로 들어섰다. 황금색과 초록색으로 풀밭이 펼쳐진 것 같았다. 오늘날 사르가소 해라고 불리는 바다였다. 바닷말에 붙어서 떠다니는 새끼 게들을 보고 선원들은 다시 육지가 가까워졌다고 믿었다. 하지만 예상은 빗나갔다. 사르가소 해는 바다 동물들에게는 양식장이나 다름없다. 새끼들은 해초를 뜯어 먹고, 서로 잡아먹기도 하면서 자란다. 작은 물고기들은 어린 바다 생물들을 잡아먹고 산다. 돌고래나 상어 같은 큰 물고기들은 또 이런 작은 물고기들을 잡아먹고 산다.

새끼 장어

마히마히

사르가소 해의 먹이사슬

사르가소 해에 사는 바다 생물들 대부분은 서로 먹고 먹히는 관계에 있다. 거북들은 갈색 모자반 사이를 떠다니면서 자그마한 달팽이, 게, 새우를 잡아먹는다. 마히마히는 거북을, 청상아리는 마히마히를 잡아먹는다.

청상아리

아직 멀었나?

이틀이 지나도 육지가 나타나지 않자 선원들이 불만을 터뜨리면서 슬슬 귀항 얘기를 꺼냈다. 하지만 핀타호 선장 마르틴 알론소 핀손은 왕과 여왕을 위해 시작한 원정이기 때문에 항해를 계속해야 한다고 선원들을 설득했다.

9월 25일, 멀리서 섬 같은 물체가 보였다. 너무나 기쁜 나머지 바다로 풍덩 뛰어든 선원들도 있었다. 헤엄치는 선원들 옆에서 돌고래들이 펄떡펄떡 공중으로 뛰어오르고 배 사이를 쏜살같이 헤엄치며 지나다녔다. 하지만 이런 축제 분위기는 다음 날로 사라졌다. 선원들이 본 것이 바다에 비친 구름의 그림자로 밝혀졌던 것이다.

고래 분수!

이즈음 콜럼버스는 물을 뿜는 고래를 보았다고 항해 일지에 적었다. 그가 본 고래는 콜럼버스의 원정대가 지나갔던 바다에서 지금까지도 나타나는 쇠고래일 것으로 추측된다. 10미터까지 자랄 정도로 몸집이 큰 쇠고래는 당연히 멀리서도 눈에 띄었을 것이다. 선단에서 제일 작은 니나호보다 겨우 5미터가 짧으니, 콜럼버스의 눈에 쇠고래가 얼마나 어마어마하게 보였을까?

새로운 땅에 도착하다

1492년 10월 12일 새벽 2시, 핀타호에 타고 있던 후안 로드리게즈가 "육지다!" 하고 소리쳤다. 눈앞에 육지가 보였다. 이번에는 정말이었다! 동이 트자마자 상륙 팀은 핀타호에서 내린 작은 보트 몇 척에 나눠 타고 해안을 향해 노를 저어 갔다. 흥분한 콜럼버스는 보트에서 뛰어내려 헤엄을 쳐서 가장 먼저 해변에 도착했다. 그는 무릎을 꿇고 무사 항해에 감사하는 기도를 올렸다. 그리고 새로 발견한 이 땅을 산살바도르라고 부르고 에스파냐의 영토로 선포했다. 콜럼버스 일행이 타이노 족이라고 부른 원주민들이 이미 살고 있었고 이 섬을 과나하니라고 불렀지만, 콜럼버스나 에스파냐의 통치자들은 개의치 않았다.

도마뱀 반찬

과나하니 섬에는 원주민뿐만 아니라 많은 동물이 살고 있었다. 꼬리가 동글게 말린 도마뱀은 길이가 18센티미터에서 26센티미터밖에 안 되는 아주 작은 동물이었다. 타이노 족 유적지에서 발견된 도마뱀 뼈를 보면 도마뱀이 이따금 원주민들의 밥상에도 올랐음을 알 수 있다. 콜럼버스도 이 도마뱀을 보고, 직접 먹어 보았을지도 모른다.

선원들은 타이노 족의 말을 할 줄 몰라도, 가지고 간 물건들과 원주민의 금장신구를 교환하고 싶다는 뜻은 전할 수 있었다. 원주민들은 난생처음 본 거울, 종, 유리구슬, 빨간 천 모자에 유난히 관심을 보였다. 배로 돌아가는 선원들을 원주민들이 쪽배를 타고 뒤쫓아 왔다. 그들은 교환 가치가 있을 것 같은 무명, 끝에 물고기 뼈를 단 작살, 깃털이 화려한 앵무새 들을 가지고 왔다.

콜럼버스는 원주민 여섯 명을 배에 붙잡아 두라고 부하들에게 명령했다. 콜럼버스는 타이노 족이 힘이 세고 건강하고 똑똑해서 노예로 삼기에 좋을 것 같다고 항해 일지에 적었다.

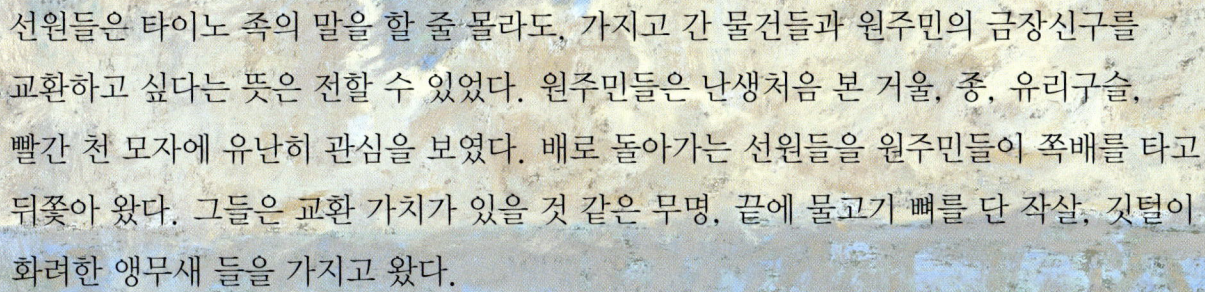

야자수에 앉은 앵무새

타이노 족이 교환하기 위해 들고 온 앵무새는 아마도 쿠바아마존앵무새였을 것이다. 이 종류는 깃털이 화려하고 요란한 울음소리가 특징이다. 이 앵무새를 신기하게 여긴 콜럼버스는 한 쌍을 가지고 돌아와 여왕에게 바쳤다. 오늘날 대부분의 앵무새 종류가 그렇듯 쿠바아마존앵무새도 숫자가 줄어들고 있다. 콜럼버스처럼 앵무새를 잡아 애완용으로 기르는 사람이 많기 때문이다.

험난한 신세계

콜럼버스의 선단은 이후 2주일 동안 항해를 계속하며 여러 섬에 상륙했다. 콜럼버스는 항해 도중 하늘의 해를 다 가릴 만큼 거대한 무리를 지어 날아다니는 앵무새를 보았다고 기록했다. 선원들은 배가 해변에 닿을 때마다, 가지고 간 물건을 원주민들의 금과 교환했고 향신료와 비단을 구하려고 애를 썼다. 그들은 타이노 족이 사는 섬들만 지나가면 바로 중국과 일본이 나오리라 믿고 항해를 계속했다.

군함조

뱁새

왝, 하는 사이 날름

콜럼버스는 옹기종기 모여 있는 섬들을 일일이 탐험하며 군함조와 뱁새를 보았다. 뱁새는 물속으로 잠수해서 먹이를 잡는다. 군함조는 주변을 빙글빙글 돌면서 날다가 뱁새가 식사를 마치면 기습적으로 공격한다. 갑작스러운 공격에 깜짝 놀란 뱁새는 먹은 음식을 왝, 토해 놓는다. 이때 군함조가 쌩 날아 내려와 뱁새가 토한 걸쭉한 음식 덩어리를 날쌔게 받아먹는다.

쿠바

자메이카

알록달록 물고기

콜럼버스와 선원들은 저녁으로 자리돔을 잡아먹었다. 콜럼버스의 눈에는 자리돔들이 빨강, 파랑, 노랑 물감으로 알록달록하게 칠해 놓은 것처럼 보였다.

대서양

진짜 인어 맞아?

콜럼버스는 항해 도중에 아주 못생긴 인어를 세 마리 보았다고 항해 일지에 적었다. 그런데 실제로 그가 본 것은 인어가 아닌 바다소였다. 코끼리와 비슷한 바다소는 뚱뚱하고, 얼굴에는 주름이 잡혔으며, 주둥이에는 수염이 나 있다. 바다소는 하루에 상추 스무 포기쯤 되는 많은 해초를 먹는다.

히스파니올라

푸에르토리코

새끼 거북들

어느 날 밤, 콜럼버스와 선원들은 해변을 엉금엉금 기어가는 커다란 암컷 붉은바다거북들을 발견했다. 선원들은 나중에 먹으려고 거북을 여러 마리 잡고, 둥지를 파서 알도 꺼냈다. 암컷 붉은바다거북은 짝짓기 철이 되면 한 번에 백여 개씩 알을 낳고, 둥지를 네 개가량 짓는다. 알에서 나온 새끼 거북들은 사르가소 해로 헤엄쳐 간다.

콜럼버스는 중국을 찾아 여러 달 동안 오늘날 카리브 해로 불리는 바다를 항해했다. 나타나는 섬들마다 다 상륙해 탐험하고 싶었지만 강풍이 불어 항해는 갈수록 힘들어졌고, 특히 속도가 가장 느린 화물선 산타마리아호는 큰 어려움을 겪었다. 제일 빠른 핀타호만 항해를 계속했다. 핀타호의 선장 마르틴 핀손은 콜럼버스보다 먼저 중국으로 가는 뱃길을 찾겠다는 욕심을 품고 있었을 것이다.

함께 움직이던 니나호와 산타마리아호는 지금까지 선단이 발견한 섬들보다 훨씬 큰 섬에 도착했다. 콜럼버스는 이 섬에 에스파니올라라고 이름 붙였다. 오늘날 이 섬은 히스파니올라로 불린다. 이 마을의 족장은 해안에 상륙한 콜럼버스에게 귀한 황금 가면을 선물로 주고, 성대한 잔치를 베풀었다. 콜럼버스가 맛이 기가 막힌 하얀색 고기라고 묘사한 바위이구아나 구이가 잔칫상에 올라왔을 것이다. 바위이구아나는 보통 몸길이가 1미터 정도까지 자란다.

산타마리아호가 침몰하다

니냐호와 산타마리아호는 에스파니올라에 닻을 내리고 핀타호를 기다렸지만 핀타호는 돌아오지 않았다. 1492년 12월 24일, 크리스토퍼 콜럼버스는 기다리다 못해 결국 두 배에 출항을 지시했다. 그런데 자정 무렵에 별안간 산타마리아호가 덜거덕하며 멈춰 섰다. 배가 수면 바로 아래의 산호초 꼭대기 부분과 충돌한 것이다. 콜럼버스는 선원들에게 산타마리아호의 큰 돛대들을 짤막하게 자르라고 명령했다. 배의 무게가 가벼워지면 산호초와 닿지 않고 지나갈 수 있다고 생각한 것이다. 그러나 썰물이 되면서 산타마리아호는 산호초를 향해 더 깊숙이 가라앉고 말았다. 뾰족한 산호들이 나무로 된 선체에 구멍을 내기 시작했다.

배를 침몰시킨 동물들

산호초는 산호충이라는 동물이 거대한 무리를 이루어 생긴 것이다.
각각의 산호충은 컵 모양으로 딱딱한 뼈대를 만들어 그 안에 몸을
숨긴다. 뻗어 나온 산호충들의 뼈대는 서로 연결되어 큰 덩어리를 이룬다.
산호충이 죽고 나서 남은 뼈대에는 또 새로운 산호충이 자란다.
산호 무리는 이렇게 점점 커져 거대한 산호초를 이룬다.

산타마리아호가 침몰한다는 소식은 에스파니올라 마을의 족장에게 금세 전해졌다. 족장은 산타마리아호의 선원들을 구조하기 위해 급히 카누 몇 척을 바다에 띄웠다. 원주민들은 선원들을 구조해 카누에 태우고, 배에 남아 있던 식량도 실어 마을로 돌아왔다.

콜럼버스는 산타마리아호의 침몰이 에스파니올라에 식민지를 세우라는 신의 뜻이라고 받아들였다. 부하들에게 지시해 침몰한 산타마리아호 선체에서 뜯어 온 나무로 요새를 만든 뒤, 아기 예수의 탄생을 기리기 위해 크리스마스 마을이라는 뜻의 '라 빌라 드 나비다드'라고 불렀다.

1493년 1월 4일, 콜럼버스는 선원 대부분을 크리스마스 마을에 남겨 두고 니나호에 탔다. 그는 무기와 씨앗, 식량을 가득 싣고 출항하면서 섬에 남은 선원들에게 최대한 빨리 돌아와서 구조해 주겠다고 약속했다.

쥐 살려!

콜럼버스가 섬에 남긴 것은 선원들만이 아니었을 것이다. 그는 아마도 어마어마한 쥐떼를 에스파니올라에 남겼을 것이다. 산타마리아호가 침몰할 때 배에 살고 있던 쥐들 상당수가 해안으로 헤엄을 쳐서 왔을 것이다. 식량 속에 숨어 있던 쥐들은 헤엄칠 필요 없이 콜럼버스와 선원들을 따라 카누에 타고 섬에 상륙했을 것이다.

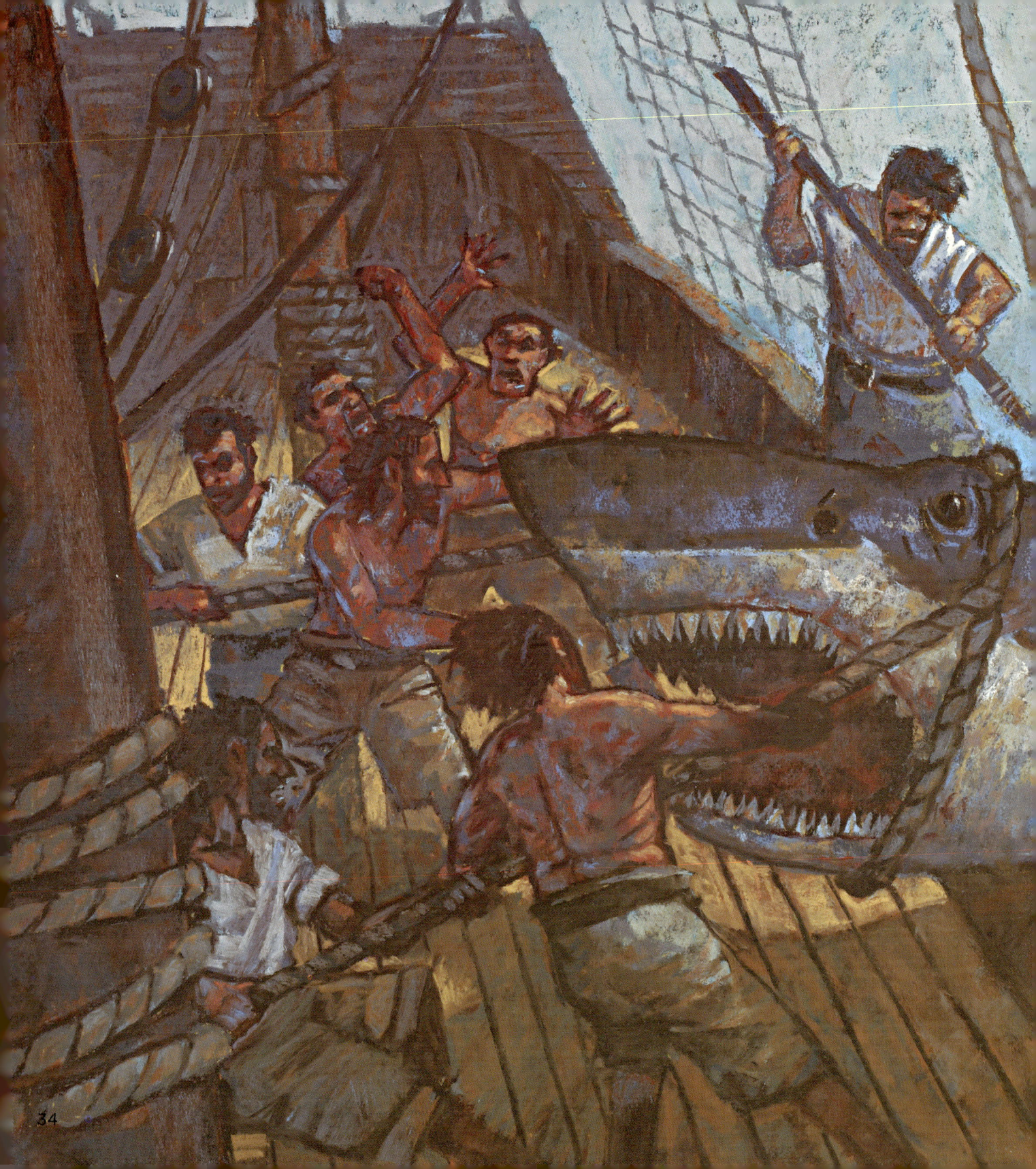

위험한 귀항 길

1월 6일, 니나호는 드디어 핀타호와 다시 만났다. 그런데 핀타호에도 문제가 생겼다. 배좀벌레조개들이 선체를 갉아먹어 배가 새고 있었던 것이다. 임무를 완수하지는 못했지만, 배가 새는 상태로 항해를 계속하면 핀타호마저 잃을 수 있다고 판단하고 콜럼버스는 귀항을 결심했다.

힘든 항해였다. 두 번씩이나 거센 폭풍을 만난 선원들은 배가 침몰할지도 모른다는 두려움에 떨었다. 이 와중에 핀타호와 니나호는 서로 헤어졌고, 따로 귀항 길에 올랐다. 다른 배에 탄 선원들의 생사조차 알 수 없었다.

상어다!

니나호의 선원들은 날씨가 좋은 날에는 배 뒤편에서 낚싯줄에 미끼를 달아 거대한 상어를 잡았다. 상어 한 마리만 잡아도 며칠 동안 신선한 고기를 실컷 먹을 수 있었다. 크기로 봐서 선원들이 잡은 것은 아마도 백상아리였을 것이다. 백상아리 중에는 길이가 7미터나 되는 것도 있다. 그런 거대한 상어를 갑판으로 끌어올리려면 얼마나 힘이 들었을까?

에스파냐의 바요나 항구에 도착한 마르틴 핀손 선장은 핀타호만 유일하게 항해에서 살아남았다고 믿었다. 핀손은 페르난도 왕과 이사벨 여왕에게 콜럼버스의 공을 가로채는 내용을 적은 편지를 보냈다. 그리고 탐험한 내용을 전하고 싶다며 뵙기를 청했다. 하지만 두 왕은 이미 콜럼버스가 살아서 돌아오고 있다는 소식을 들은 상태였다. 니나호와 핀타호는 1493년 3월 15일에 함께 에스파냐의 팔로스 항구로 돌아왔다. 귀항한 지 얼마 되지 않아 핀손 선장은 병에 걸려 죽었다.

환영의 날갯짓

해안으로 다가가는 배 위에서 하얀 황새들이 날아다니는 모습을 보고 선원들은 유럽에 돌아왔다는 사실을 실감했다. 지붕, 굴뚝, 교회 종탑들 위에 보이는 폭이 2미터에 이르는 커다란 황새 둥지들도 그들에게는 낯익은 풍경이었다.

항해 이후 세계가 변하다

1493년 4월 어느 날, 콜럼버스는 페르난도 왕과 이사벨 여왕을 찾아뵈었다. 그는 선원들을 이끌고 왕과 여왕 앞에 나타나 카리브 해에서 가져온 금과 타이노 족 노예들, 신기한 동물들을 자랑스럽게 내보였다.

인도에 닿지 못했다는 사실을 전혀 몰랐던 콜럼버스는 카리브 해를 지나 조금만 더 갔으면 중국과 일본이 나왔을 것이라고 굳게 믿고 있었다. 그는 나중에 세 번 더 원정을 떠났지만 처음에 발견하고자 했던 뱃길은 끝내 찾지 못했다. 그럼에도 콜럼버스의 탐험은 중요한 의미를 남겼다. 몇 번에 걸친 그의 항해로 사람들이 세상이 훨씬 더 넓은 곳이라는 사실을 깨달았기 때문이다. 또 대서양을 사이에 두고 식물과 동물, 그리고 불행히도 질병까지 교환되었다. 좋게든 나쁘게든 콜럼버스의 탐험 이후 세계는 옛날과 다르게 변하기 시작했다.

콜럼버스는 어디를 지나갔을까?

콜럼버스는 끝내 중국과 일본에 닿지 못했다. 첫 항해 때 콜럼버스가 지나간 곳들을 알아내기 위해 많은 사람이 애를 썼다. 이들이 구할 수 있는 정보는 콜럼버스가 기록한 항해 일지에 나온 침로와 항해 거리뿐이었다. 이 두 가지를 분석한 결과 과나하니 섬이 바하마 제도의 서 플라나 케이, 와틀링 섬(지금의 산살바도르 섬), 사마나 케이 중 한 곳일 가능성이 높다고 추측하고 있다. 물론 그랜드터크 섬일 가능성도 빼놓을 수 없다.

우리나라		1392년 고려 멸망, 조선 건국	1446년 훈민정음 반포		1498년 무오사화	1504년 갑자사화	1506년 중종반정, 연산군 폐위	
세계	1368년 원 멸망, 명 건국	1405년 명, 정화의 남해 원정	1453년 비잔티움 제국 멸망	1492년 콜럼버스, 아메리카 대륙 도착	1498년 바스쿠 다 가마, 인도 항로 개척			1519년 마젤란, 세계 일주

|아이에게 들려주세요 당시 우리나라에서는|

유교 국가 조선이 세워지다

비슷한 시기에 있었던 동양의 원정과 서양의 원정은 서로 크게 달랐다. 15세기 초반(1405~1433년) 중국 명나라는 정화라는 신하를 대장으로 하여 일곱 차례나 원정을 보냈다. 그 목적은 새로 들어선 명나라를 세계만방에 알리는 데 있었다. 그 반면에 포르투갈과 에스파냐는 아프리카를 돌아 인도로 가는 항로를 개발하고 대서양을 가로질러 신대륙을 발견했는데, 그 목적은 명나라와 반대로 세계를 알고자 하는 데 있었다. 자신을 알리려는 '닫힌' 원정과 남을 알려는 '열린' 원정은 동양과 서양의 힘을 역전시켜 서양의 세계 진출을 가능케 했다. 그 시작이 바로 콜럼버스의 항해였다.

콜럼버스가 항해를 시작한 1492년은 한반도는 조선시대, 성종이 다스리고 있었다. 1392년에 세워진 조선은 유학을 통치 이념으로 하였으므로 처음부터 신하들의 힘이 큰 편이었다. 그런데 세조 이후 왕권은 더 약해졌고 사대부 세력의 힘은 더 커졌다. 조선은 원래 모든 토지가 왕의 소유로, 사대부는 녹읍을 받았다. 그러나 토지를 소유하는 사대부들이 점차 늘어났고 게다가 이를 바탕으로 파벌을 이루어 중앙 정치를 주무르기 시작했다.

약해지는 왕권과 강해지는 신권(신하의 권력)의 결과 조선은 관료 국가가 되어 갔다. 성종이 죽고 아들 연산군이 왕위에 오르자 왕과 신하들의 대립은 점점 날카로워졌다. 연산군은 성품이 잔인하고 사나운 데다 사대부 세력이 어머니 윤비에게 사약을 받게 하였다며 적개심을 품고 있었다.

1494년에 즉위한 연산군은 사대부들이 기득권층인 훈구파와 신진사류로 나뉘어 다투는 것을 이용해 사대부 세력을 억누르고자 했다. '무오사화', '갑자사화'를 연이어 일으키며 수많은 사대부들을 처형하고 탄압했다. 그러나 두 차례의 사화는 연산군을 파멸로 몰았다. 1506년 사대부 세력은 연산군을 왕위에서 끌어내리고 그의 이복동생인 중종을 왕위에 앉혔다. 이것을 '중종반정'이라고 부르는데, 신하들이 왕을 교체한 최초의 사건이었다. 이후 사대부들은 실질적으로 조선을 좌지우지하였다.

조선의 대외 관계 정책은 '사대교린'으로 요약할 수 있는데, 큰 나라를 받들어 섬기고 이웃 나라와는 화평하게 지낸다는 뜻이었다. 사대는 명나라에 대한 외교책이며, 교린은 여진족과 일본에 대한 것으로 소극적인 관계만을 유지하는 것이었다. 이 정책은 조선 후기까지 큰 변화 없이 유지되었다. 조선은 중국을 통해서만 다른 세계를 만날 수 있었다. 한편 중국 명나라는 정화의 원정 이후 더 이상 외부와 교류를 하지 않고 닫힌 나라가 되어 갔다. 이에 따라 조선 역시 더 닫힌 나라가 되어 갔다.

글 남경태 (『역사 : 사람이 알아야 할 모든 것』의 저자)